Pronunciation Guide
Focus on the highlighted & bolded letters

Aa Sound out the "a" in "**a**ction" "**a**ct"	**Bb** Similar to "**bay**" <u>hint</u>: do not draw out the Y	**Dd** Similar to "**day**" <u>hint</u>: do not draw out the Y	**Ee** as in English letter "a"
Ęę Sound out the "e" in "**e**lephant" "**e**xtra"	**Ff** as in "**fee**"	**Gg** as in "**gee**se"	**Gb gb** Not in English. Practice saying the letter "g" and "b" at the same time
Hh as in "**he**"	**Ii** as in English letter "**e**"	**Jj** as in English letter "**g**"	**Kk** as in English "**key**"
Ll as in "**lee**"	**Mm** as in "**me**"	**Nn** Pronounced like the word "**knee**"	**Oo** as in English letter "o"
Ǫǫ Sound out the "o" in "**o**range"	**Pp** Not in English. Practice saying the letter "k" and "p" at the same time	**Rr** as in English "**ree**d"	**Ss** as in "**see**"
Şş as in "**she**"	**Tt** as in "**tea**"	**Uu** Sound out the "oo" in "sc**oo**t" "**oo**long"	**Ww** as in "**we**"
Yy as in "**yi**n"	` ` ` Placed on top of a letter, it denotes the intonation with which a word is pronounced. It is the "do" in "do, re, mi."	´ Placed on top of a letter, it denotes the intonation with which a word is pronounced. It is the "mi" in "do, re, mi."	

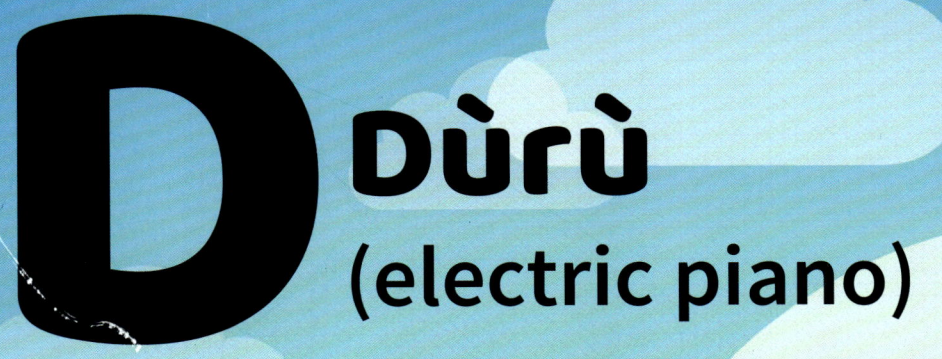

E Edé
(shrimp)

G
Gángan
(talking drum)

GB
Àgbàdo
(maize)

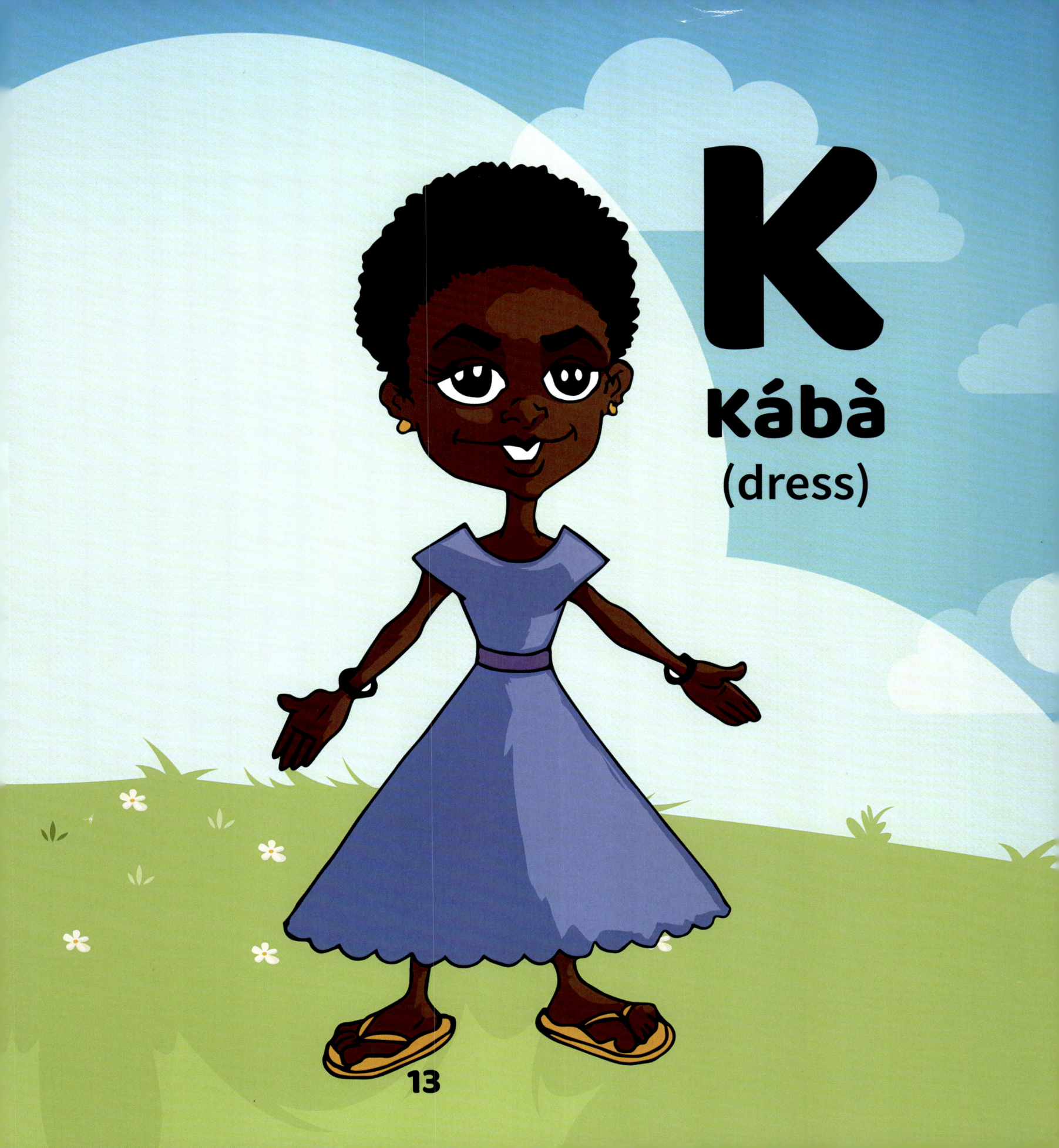

L Labalábá
(butterfly)

M Màlúù
(cow)

O

Ológbò
(cat)

R
##Ràkúnmí
(camel)

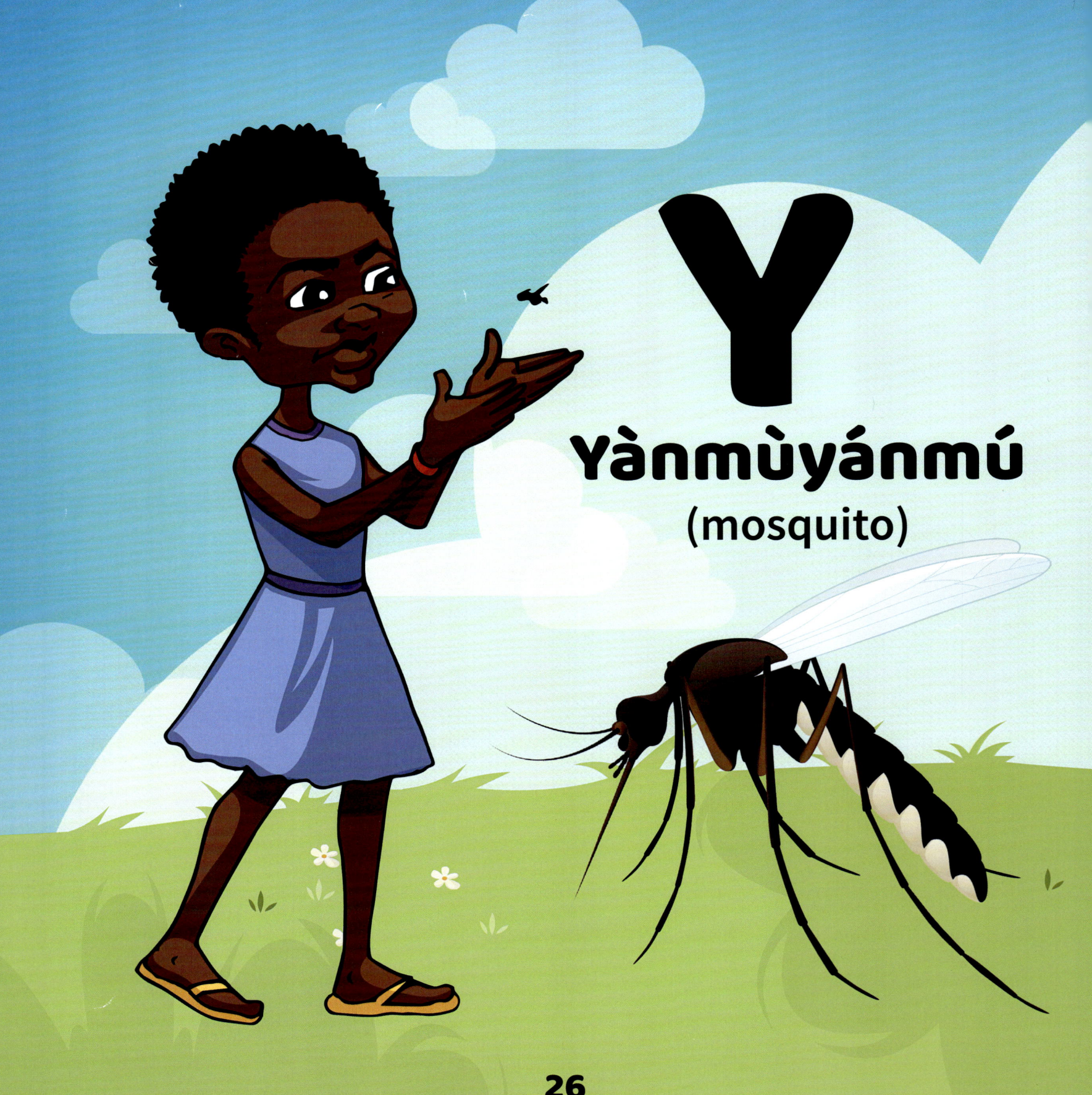